L'ÉGLISE

NOTRE-DAME DU MARTHURET

L'ÉGLISE

N.-D. DU MARTHURET

Par Marc de Vissac

RIOM

E. GIRERD, IMPRIMEUR ÉDITEUR

5, rue Croisier, 5

1889

L'ÉGLISE

NOTRE-DAME DU MARTHURET

La percée qui traverse Riom du sud au nord, en s'abaissant en ligne droite du point culminant, dit Carrefour *des Taules,* sur les deux pentes de la colline où s'étalent de belles et silencieuses demeures, pourrait s'appeler la percée des Dômes. A 200 mètres environ de distance, on en compte, en effet, deux de même type, de style ou de physionomie similaires, et presque de la même époque.

Imaginez-vous deux tours, l'une quadrangulaire, l'autre octogonale, sur lesquelles l'architecte n'a pas voulu faire peser immédiatement ses coupoles. Il a préféré les mettre en équilibre sur huit ou neuf fûts de pierre, grêles et dénudés, pour le désespoir des jongleurs et des hercules modernes. Cette charmante espièglerie du XVIe siècle, espièglerie tirée à deux exemplaires, a nom : la *Tour de l'Horloge* et le *Clocher de N.-D. du Marthuret.*

La tour de l'Horloge ou beffroi se dresse sur la hauteur. Avec sa robe de lave grise, semée d'arabesques et de chimères, elle semble regarder par ses fenêtres et ses croisillons, d'un air de complaisance un peu dédaigneuse, le dôme suspendu du Marthuret, son frère jumeau, qui s'aperçoit là-bas dans l'enfoncement.

C'est vers ce dernier que nous dirige aujourd'hui notre fantaisie de touriste.

Voici ce que rapportent, sur la fondation de l'église du Marthuret et sur l'origine de son nom, les auteurs anciens qui nous serviront de guides dans ce petit pélerinage. Leurs hypothèses, leurs obscurités, leurs contradictions mêmes décèlent l'antiquité de la Collégiale du Marthuret, qui, si elle n'a rien de particulièrement saisissant, n'en remonte pas moins à ce passé dont on aime tant aujourd'hui à évoquer les souvenirs.

Nous sommes reportés à l'époque où Riom et les lieux circonvoisins, conquis par Philippe-Auguste après un siége mémorable, étaient administrés, sous le nom de *Terre d'Auvergne*, par des *Gardiens* ou *Connétables*. Saint Louis, qui faisait grand cas de cette portion du territoire royal, en avait apanagé son frère Alphonse de Poitiers. Celui-ci y résidait par intervalles et y élaborait la charte fameuse par laquelle il devait maintenir et augmenter les franchises et les priviléges du chef-lieu de son apanage.

A cette date, l'église de saint Amable était l'unique église paroissiale de Riom. Elle était desservie par des religieux Augustins, régularisés depuis le XIe siècle et vivant de la vie monastique.

A côté de ce clergé constitué en abbaye, le clergé séculier, les prêtres libres de la ville de Riom célébraient le service divin et travaillaient au bien des fidèles sous les yeux et sous la surveillance naturelle du curé paroissial. A mesure que les ecclésiastiques purement diocésains crûrent en nombre et en importance, ils tendirent à s'émanciper de la tutelle monacale ; ils poursuivirent leur autonomie et s'organisèrent en une sorte de communauté.

En 1242, Hugues de La Tour, évêque de Clermont, permit au clergé séculier de Riom d'avoir *un syndic, un coffre et un sceau,* et de s'ériger en Collége.

Les religieux Augustins de St-Amable s'émurent et signifièrent nettement qu'ils entendaient maintenir intacte l'intégralité de leurs prérogatives. Mais la lutte est toujours plus difficile contre un corps que contre des individualités.

Cinq ans plus tard, au moment de partir pour la Terre-Sainte, l'évêque de Clermont autorise le Collége des prêtres de Riom à se bâtir un oratoire, concession confirmée peu après par une bulle d'Innocent IV et une d'Urbain IV.

Tolle général à l'abbaye. Une pareille concession n'a pu être faite que par erreur ou sous une néfaste influence. Pourquoi créer dans l'Eglise des divisions intestines et morceler le trousseau des clefs de saint Pierre? On en appelle de l'évêque et du pape au pape et à l'évêque mieux informés.

Et entre temps, comme pour construire un oratoire il faut des offrandes, on traduit la communauté devant l'Officialité de Clermont en remise de toutes les offrandes au curé paroissial. L'official, par un jugement de 1253, *moleste* le Collége.

Celui-ci ne tient pas compte de l'admonestation.

Sans désemparer, il se met à l'œuvre et construit la chapelle qui forme aujourd'hui le sanctuaire. Il y avait au devant une place publique bornée d'un côté par les anciens murs de la ville, au-delà desquels était alors l'Hôtel-Dieu.

En 1262, le roi saint Louis, accompagné de presque toute la noblesse du royaume, vint à Clermont célébrer le mariage de Philippe-le-Hardi, son fils, avec la jeune Isabelle, fille de Jacques Ier, roi d'Aragon. La cérémonie eut lieu le 28 mai, jour de la Pentecôte. Guy de La Tour avait alors succédé à son oncle sur le siége épiscopal d'Auvergne.

Ce jour-là, le Collége séculier se transporta à Clermont et obtint de la piété bien connue du monarque le droit de transformer en une église son modeste oratoire. Le prince Alphonse concéda une partie de la place publique, et l'on bâtit la partie de l'église qui en forme la nef.

La première église du Marthuret est donc à peu près contemporaine de la fondation de la cathédrale de Clermont, dont l'architecte Jean des Champs venait de tracer les plans.

Le Marthuret perdit trop tôt son bienfaiteur Alphonse de Poitiers, qui mourut en 1271. Après lui, le régime de la Connétablie fit place au régime du Bailliage général, qui était d'ailleurs la même chose sous un autre nom. Mais les dons des âmes généreuses ne firent pas défaut à l'achèvement de l'entreprise. On voit en effet que, par son testament de 1296, Robert III, dauphin d'Auvergne, donna 60 sous « *pour construire l'édifice de N.-D. del Martoret.* »

Le monument n'eut d'ailleurs qu'une durée bien éphémère, car il fut, parait-il, détruit presque en totalité par un incendie peu après son achèvement.

Le pape Clément V accorda, en 1308, une indulgence à tous ceux qui contribueraient à sa réédification qui commença aussitôt. Elle dura pendant tout l'épiscopat d'Aubert Aycelin de Montaigut.

Le frontispice regardait la nuit où se trouvait une place publique. Une rue longeait l'église à l'aspect du nord et aboutissait à une autre place nommée Pré-Bas, derrière le sanctuaire.

La reconstruction avait eu lieu malgré le mauvais vouloir et les obstacles accumulés par les Augustins de St-Amable, qui mettaient opposition à tous les changements apportés à l'édifice primitif et ne levaient une opposition que pour en susciter immédiatement une nouvelle.

Cette lutte obstinée, ces débats pleins d'acrimonie entre les membres d'un même corps, tous serviteurs d'un Dieu de paix, occasionnaient un réel scandale qui ne prit fin momentanément, après l'envoi et l'entremise de commissaires spéciaux, que par une transaction signée le 29 mars 1360.

Cet acte amiable sauvegardait l'amour-propre du Chapitre curial et établissait à son profit de nombreux droits de préséance, notamment le paiement annuel par le Collége du Marthuret, à titre de vasselage, « d'un florin ou obole d'or ou d'un cierge du poids de 6 livres de cire, » réduit plus tard à 3 livres.

Un siècle s'écoule, durant lequel les mémorialistes ne nous rapportent aucun fait saillant touchant l'existence de cet établissement ecclésiastique.

Un manuscrit attribué au Père Majour fixe néanmoins à peu près à cette époque la confection et la pose d'un tableau rappelant l'historique de la fondation de l'église.

Ce tableau, refait dans le XVe siècle, puis encore au XVIIe, vers 1649, représentait la Mère de Dieu, avec plusieurs figures très singulièrement disposées, et contenait une très longue inscription en vers français dont voici la première strophe :

Saint Louis, roi de France très louable,
Funda premier l'église vénérable,
Et la doua de grand prééminence ;
Puis Alphonse, de France connestable,
La augmenta après, ce n'est pas fable.
Un bon preud'homme, rempli de sapience,
Donna le lieu qui pourte sans doutance
Son nom, tout par grâce plénière.
C'est Marturet, pourtant signifiance
Que la dame Vierge de recouvrance
Seule est des hauts cieulx impérière.

La dernière copie de ce tableau qui était placé à l'entrée de l'église, à main gauche, existait encore en 1789, époque où Dulaure qui l'avait lue, la publia dans sa *Description de l'Auvergne*. Mais elle n'a pu survivre aux fureurs de la période révolutionnaire.

Cependant l'édifice n'avait jamais été terminé. Les bas-côtés de la nef n'étaient pas garnis de chapelles ; une seule existait à l'axe terminal, derrière le rond point du chœur. Elle était dédiée à N.-D. de Lorette et représentait, en marbre blanc, la *Casa-santa* de Nazareth, transportée par les anges de Galilée en Dalmatie, puis en Italie. Le portail frontispice n'existait pas et l'on n'accédait que par une porte basse à la place située du côté de l'occident, ancien cimetière sur lequel, à certains jours de l'année, on se rendait en procession.

Le porche si curieux, qui est encore aujourd'hui le plus bel ornement du temple, ne fut élevé qu'après 1438. Charles, duc de Bourbon, permit, par lettres du mois d'avril de ladite année, de le construire sur l'emplacement de la rue.

C'est un portique de style flamboyant, à proportions majestueuses, aux ogives admirablement dessinées, aux nervures ciselées avec perfection. L'ensemble du péristyle avec ses clochetons, ses pinacles, ses niches, ses dais, ses culs-de-lampe, ses rinceaux et le luxe de ses sculptures déliées et fleuries, constitue un bel échantillon du gothique de la période ternaire.

Les niches restèrent vides de statues et, des deux portes de collatéraux qui devaient régulièrement flanquer le porche, une seule, du côté du nord, fut percée dans la tour quadrangulaire du clocher.

Par acte du 13 septembre 1431, Jean de Langeac, seigneur de Brassac et de Malintrat, grand sénéchal d'Auvergne à Riom, avait fondé dans l'église du Marthuret deux vicairies qu'il dota de 40 setiers de froment et 12 livres d'argent.

Puis, pour se libérer de cette redevance, il délaissa aux desservants un pré à Malintrat.

Enfin, comme les vicairies étaient d'un meilleur revenu que les canonicats, il permit qu'elles fussent réunies au Chapitre du Marthuret, à condition qu'il nommerait personnellement à deux prébendes.

La famille de Langeac voulut d'ailleurs perpétuer à jamais le souvenir de son attachement pour l'église de Notre-Dame. Elle y fit plus tard creuser son *vase* ou tombeau et, au-dessus, elle fit bâtir une chapelle dont la clef de voûte portait son écusson. Cette chapelle devint celle du Rosaire institué par saint Dominique. Les Jacobins du couvent de Clermont vinrent la bénir lorsqu'on en fit le siége de la Confrérie de ce nom.

La communauté séculière des prêtres du Marthuret fut érigée en Collégiale par le pape Clément VI, au milieu du XIVe siècle. Jean, fils de France, duc de Berry et d'Auvergne, amortit gratuitement, en faveur du Collége du Marthuret, plusieurs hôtels et maisons qui étaient dans sa censive.

Il n'y avait alors dans le diocèse de Clermont, séparé du diocèse de Saint-Flour depuis 1317, qu'une dizaine de Chapitres collégiaux. Au XVIIe siècle, on en comptera près de 20. Le roi Charles VII fonda à Notre-Dame, au mois de mars 1442, douze messes à haute voix. Il qualifie les chanoines de ses chapelains et les autorise à acquérir jusqu'à 10 livres tournois.

Le Chapitre était composé d'un *Prévôt* qui faisait en même temps partie du Chapitre de Saint-Amable et de onze chanoines. Le plus ancien d'entre eux remplissait les fonctions de *Chantre,* ce qui était la seconde dignité du Chapitre. C'était lui qui réglait les offices, qui, aux jours de fêtes solennelles, avec sa chape et son bâton, dirigeait, comme maître de chœur, les chants des chanoines et des chapelains; lui encore qui surveillait tous les détails des cérémonies et était dénommé l'œil de l'église.

Conformément à la transaction dont nous avons parlé, le Chapitre du Marthuret reconnaissait la suprématie du Chapitre abbatial et lui rendait certains hommages dont les abbés et religieux se montraient fort jaloux et qui avaient été consacrés par divers arrêts.

C'est ainsi que le Prévôt du Marthuret était à la nomination du Chapitre de Saint-Amable qui l'installait, après sa prestation de serment. Le jour de la fête patronale, ledit Prévôt était tenu de venir, avec le baile du Marthuret, à la grand'messe du chœur et de rendre à l'offertoire une sorte d'hommage entre les mains du célébrant. Ils lui présentaient le fameux cierge de cire blanche en disant : « Nous, en satisfaisant aux transactions passées entre vos devanciers et les nôtres, en cette église de Saint-Amable, majeure et seule paroisse en cette ville de Riom, offrons cette torche de 3 livres de cire, jurons en vos mains d'entretenir lesdites transactions et de n'y contrevenir. » Le baile de Saint-Amable, demandait acte de cette déclaration au célébrant, en présence d'un notaire.

A chaque mutation d'abbé de Saint-Amable, le nouvel abbé avait le droit de célébrer sa messe au Marthuret, au maître autel. Les chanoines de cette église le recevaient processionnellement, l'assistaient au saint sacrifice en qualités de diacre et de sous-diacre, et lui offraient *un demi-setier de bon vin.*

Le Doyen pouvait convoquer les chanoines du Marthuret aux processions de l'Eglise majeure, tandis qu'à la fête de la Nativité, patronale du Marthuret, le Chapitre de Saint-Amable y assistait, *s'il le jugeait à propos,* occupant alors les hautes stalles et gardant le premier rang à la procession.

Comme on le voit, tout cela constituait une sorte d'infériorité que le bon chanoine Majour dissimule mal sous ce charmant euphémisme : « *L'Eglise de N.-D. du Marthuret, par prééminence et par préférence à toutes les autres églises de la ville de Riom, tient le second rang....* »

Les armes de l'église de Notre-Dame étaient : *de gueules à 6 étoiles d'or:* 3.2.1. *au chef cousu d'azur, ondé et rayonné d'or, avec des lys en fleur*. Elles portaient en légende : *S. Armorum ecclesie Beate Marie ville Riomi.*

Elles ont été enregistrées en 1698 à l'armorial général de France.

Le sceau du Chapitre, ayant en exergue l'inscription : *Sigillum capituli ecclesie secularis Beate Marie vile Riomi*, représente une adoration. La Vierge, posée sur un socle sculpté, et protégée par un dai de style flamboyant, tient sur son bras gauche l'Enfant Jésus et à sa main droite un lys en fleur. Un prince agenouillé à ses pieds, revêtu d'une robe fleurdelysée, (saint Louis ou son frère Alphonse), lui présente un phylactère sur lequel on lit : *Ave*.

Voilà donc l'église et le Chapitre du Marthuret un peu sortis, grâce aux méticuleuses recherches de Chabrol, de Majour et autres, des épaisses brumes entourant leur berceau. Leur naissance avait fait peu de bruit dans le monde et leur enfance n'y avait laissé que peu de traces. On en est encore aujourd'hui à conjecturer, après six siècles écoulés, d'où leur vint le nom de baptême sous lequel ils furent inscrits au registre de l'histoire.

Plusieurs étymologies ont été fournies pour expliquer l'appellation du *Marthuret*.

La première est celle du *bon Prud'-homme* qui donna l'emplacement, comme le dit le tableau. Mais, malgré le *sans doutance* de l'inscription, l'explication satisfait d'autant moins l'esprit que le terrain sur lequel a été bâtie l'église a été pris, pour la plus grande partie, comme on l'a vu, sur la place publique.

Rapportons néanmoins la légende sur laquelle reposait cette croyance antique, légende qui englobait dans sa trame mystérieuse tout à la fois la création de l'église du Marthuret et sa dédicace à la Vierge.

Un bon vieux paysan du nom de *Marthuret,* labourait un jour tranquillement son champ, quand soudain ses bœufs s'arrêtèrent et refusèrent d'avancer. En vain les excitait-il de la voix et de l'aiguillon ; plus on les frappait, plus on les piquait, d'autant plus aussi l'une et l'autre bète se retiraient en arrière *comme faisant la révérence ;* si bien que l'on s'avisa de fouiller le sol pour découvrir la cause de ce phénomène. Le laboureur se mit lui-même en fonction avec le soc de la charrue et, chose rare et merveilleuse, il mit à découvert une image de la Vierge, à la face de couleur noire, bien que n'ayant jamais subi le pinceau du peintre, assise sur une chaise, tenant son fils entre ses bras et faite d'un bois incorruptible.

On se rappela alors que l'on avait vu apparaître dans ce lieu saint une lueur brillante : *Et lumen divinitas splendens demonstravit.*

Le clergé vint en diligence honorer la sainte Image, et le laboureur donna pieusement le champ témoin de cette merveille pour y élever un temple à la Vierge, impératrice du ciel et de la terre.

D'autres étymologistes plus précis ont voulu que le bon *preud'homme rempli de sapience* fut un seigneur de Langeac nommé Marc de Thuret. Néanmoins, cette opinion est également inacceptable. Le seigneur de Langeac, le bienfaiteur du Marthuret, qui fonda deux vicairies en 1431 n'était pas, dit Chabrol, seigneur de Thuret et, de plus, on rencontre le nom *del Martoret* un siècle et demi avant cette fondation.

Quelques auteurs ont prétendu que l'étymologie devait être *Mater tua* parce que cette église était dédiée à la Vierge. Majour est un des plus enthousiastes partisans de cette hypothèse. « Si l'on faict, dit-il, une pieuse et sérieuse réflexion sur le mot de Marthuret, changeant la lettre *r* en *a*, on y trouvera ces deux mots latins ; *Mater tua*. En effet, l'image de la Vierge, faisant face à la ville, semble, quoique muette par elle-même, inspirer de saintes pensées et exciter des affections et mouvements de piété dans le cœur de chaque habitant et lui dire : *Ecce Mater tua.*

Comme le témoigne un dévot poète :

> Sæpe loqui mecum, quamvis sit muta, videtur.
> Quot mihi delicias dulcis imago facit !... ».

Enfin, d'autres estiment, peut-être avec plus de fondement, que quelque martyr enseveli dans ce lieu ou près de ce lieu avait fourni l'origine de cette appellation, qui serait alors un dérivé du mot grec μαρτυσ τυροσ. Ce nom, ainsi que celui de *Martroys*, est commun à plusieurs places et églises de France, et indique le lieu du supplice ou du tombeau de quelques martyrs. Il en est de même des *Martres, Montmartre...*

A Rome, la fête de N.-D. aux Martyrs était célébrée le 13 mai, depuis le pontificat de Boniface IV. L'ancien Panthéon, plus tard chapelle de la Rotonde, avait reçu le vocable de Sainte-Marie-aux-Martyrs.

Dulaure émet l'idée que l'église du Marthuret est peut-être celle dont parle Grégoire de Tours, où était honoré le martyr saint Polycarpe.

Quoi qu'il en soit, ce n'était pas à un saint, mais, comme nous l'avons dit, à la Vierge, que l'église était dédiée. On y honorait la Mère de Dieu sous le titre de N.-D. de Recouvrance. La fête de la Dédicace se célébrait le 22 février.

La dévotion du peuple le conduisait en masse vers le temple restauré. Saint Amable, certes, est un grand saint, disaient les fidèles, mais la Mère du Sauveur n'est pas non plus à dédaigner. La foule y accourait innombrable, surtout à la fête de la Nativité. Ce jour-là, on portait avec pompe et magnificence, par la ville, la Vierge noire, précédée de MM. du Chapitre et autres ecclésiastiques, accompagnée des frairies du Rosaire, de N.-D. de Septembre, et suivie de MM. du Présidial, du maire, des consuls, du procureur du roi de ville, du secrétaire et des juges consulaires. La veille, on faisait aussi une procession en perpétuelle mémoire de ce que, jadis, on allait quérir, à la maison du Saint-Esprit, une roue de cire offerte par les habitants pour cette église. La sainte Image était portée toutes les fois que des processions extraordinaires se faisaient pour les besoins urgents de la cité.

Il y avait encore une petite image *de vermeil d'or travaillée avec beaucoup d'artifice* avec laquelle on donnait la bénédiction tous les samedis après complies, et que l'on promenait dans l'enceinte de l'église le jour de la Nativité.

Mais ce qui contribua le plus à répandre dans les masses un sentiment profond et presque fanatique de vénération pour l'église N.-D., ce fut l'érection, au seuil même du parvis, d'une statue qui empoigna la population riomoise, l'enthousiasma, la passionna et devint pour elle un fétiche sacré.

Nous avons dit que les niches ciselées du porche étaient restées vides des saints et saintes pour lesquels on les avait pratiquées. Le pilastre qui divisait la porte en deux vantaux formait un socle artistique, attendant pour revêtir son véritable caractère, que le ciseau du statuaire en eut complété le symbolisme.

Un chef-d'œuvre combla cette lacune.

Quel en fut l'auteur? Quelle fut la date exacte de son apparition? Quelles cérémonies entourèrent son inauguration ? Les archives publiques ou privées, la tradition orale, la légende même restent muettes à cet endroit. Pas un procès-verbal, pas un chiffre sur la pierre, pas le moindre indice pour l'esprit de l'archéologue. L'artiste fut-il un italien réfugié en Auvergne pour fuir les luttes intestines de sa patrie ? Eut-il un nom connu dans le monde des arts ou resta-t-il inconnu de son vivant comme il l'est encore aujourd'hui ? *Chi lo sa.*

Quoi qu'il en soit, vers la fin du quatorzième siècle, nos pères se prosternaient déjà devant cette magnifique statue qui décore le meneau central du portique et qui est connue sous le nom de *Vierge à l'oiseau.*

La Mère du Sauveur est debout, la taille droite et élancée ; elle tient assis sur son bras gauche l'Enfant Jésus qui joue avec un oiseau. La bête évaporée vient de becqueter le petit doigt de l'enfant dont la figure se contracte d'une légère moue, voisine des larmes. Marie, la tête un peu inclinée, regarde la scène et sourit avec une ineffable expression de candeur et d'amour.

C'est bien tout l'amour d'une mère, mais l'amour maternel divinisé.

Cette statue, de grandeur naturelle, taillée dans un bloc de domite de Sarcouy au grain fin et grisâtre, est d'un fini remarquable, surtout pour l'époque. Les physionomies sont vivantes et d'une rare distinction ; on voit le sourire, on saisit instantanément la surprise émue.

Les riomois étaient fiers à juste titre de leur merveilleuse madone. Cette conception originale, si bien faite pour charmer les yeux, leur était allée tout droit au cœur.

A peine exposée à l'admiration des fidèles, la Vierge jouit en Auvergne d'une grande réputation. On la disait miraculeuse.

Les corporations municipales, notamment celle des bouchers, l'avaient prise sous leur sauvegarde et l'entouraient d'un culte jaloux. Les pélerins y affluèrent, des guérisons s'y produisirent et les parois du temple se couvrirent bientôt d'*ex-voto* et de témoignages de reconnaissance pour les faveurs obtenues par l'intercession de Marie.

Un de ces *ex-voto* portait en lettres gothiques le récit suivant : « Le jour de sainte Luce, 13 décembre 1520, au retour du saint voyage de Hiérusalem, estant sur la grande mer, à l'entrée du gouffre de Venise, fûmes surpris par la horrible tempeste, laquelle nous tinst 2 jours et 2 nuicts, dont moi, Amable

Moreau, fis mon vœu à la Mère de miséricorde et consolatrice des désolés, dans l'église de N.-D. du Marturel de Riom, en Auvergne, et par la grâce de Dieu et l'intercession de la sainte Vierge nous fûmes délivrés du péril. »

En 1490, une grande épreuve vint affliger le cœur des fidèles riomois. Un tremblement de terre, dont les secousses ébranlèrent la contrée, endommagea comme à plaisir tous les édifices religieux de la ville. Jamais, depuis la commotion dont parle Grégoire de Tours, qui, sous l'épiscopat de saint Gal, avait secoué le sol averne, le pays n'avait été couvert d'autant de ruines. Le clocher de Saint-Amable s'entrouvrit jusqu'à la profondeur de trois ou quatre toises, ainsi que la partie supérieure du cloître; l'église des Cordeliers fut considérablement endommagée, et le clocher du

Marthuret s'abattit avec un fracas horrible. Il avait à peine quarante ans d'existence.

Ce malheur déconcertait les meilleures volontés. Incendie, tremblement de terre! Tous les fléaux semblaient se déchaîner contre le sanctuaire si laborieusement édifié, conquis pour ainsi dire pierre par pierre sur un antagonisme jaloux. Il y avait bien là de quoi paralyser le courage. Et cependant, la série des tribulations était loin d'être épuisée!

Près de cent ans s'écoulèrent avant la réfection du clocher, qui n'eut lieu qu'en 1584, l'année même où la peste sévit de septembre à décembre.

Enfin, le dôme s'élève au-dessus de la plate-forme, perché sur sa colonnade un peu grêle, comme un chapeau trop lourd pour la tête qui le porte. C'était en réduction, avec moins de détails, d'ornements, de grandiose et de brio, la reproduction du beffroi dont la salamandre fixait l'acte de baptême aux premières années du siècle. Un second dôme plus petit, en forme de lanternon, se superpose à la coupole dorée, et au-dessus s'élève l'image de la Vierge, aussi dorée, de six pieds de hauteur, portant au front une auréole, tournée du côté de la cité à laquelle elle semble dire : *Ecce mater tua!*

Hélas! une génération à peine avait eu le temps de vieillir sous le regard de la madone quand un cyclone vint à son tour reprendre l'œuvre de désolation à laquelle tous les éléments devaient successivement contribuer. Le 13 décembre 1646, le jour de la Sainte-Luce, dans la nuit du mercredi au jeudi, *la horrible tempeste se déchaîna avec une telle impétuozité et violence des vents* que le dôme du Marthuret ne fut bientôt plus qu'un monceau de décombres gisant aux pieds du temple comme les épaves d'un navire désemparé. Le *grand orloge* ou tour du beffroi subit le même sort et vit son front orgueilleux prosterné dans la poussière.

La municipalité était impuissante à réparer avec ses propres ressources tant de désastres accumulés. Déjà, en 1604 et 1634, pour pouvoir consolider la charpente et resuivre la toiture de l'église, l'assemblée de ville avait dû faire procéder à une quête par voie de commissaires et employer à ces travaux le prix provenant de la vente des tuyaux de plomb de l'ancienne conduite des fontaines.

Heureusement, les gardiens du sanctuaire surent utiliser à nouveau le trésor toujours ouvert de la charité publique.

Le 28 septembre 1648, pardevant Me Dégrange, notaire royal, les quatre bailes de la frairie de Notre-Dame-de-septembre, MM. Gaspard Chabron, seigneur de Bardon, conseiller du roi, lieutenant particulier, assesseur civil et criminel, premier conseiller en la Sénéchaussée; Me Amable Brun, greffier civil audit siége; Jacques Boudet, avocat, et Jean Azan, marchand, traitèrent directement avec Jean Languille et Jacques Potier, maîtres architectes de la ville de Riom, pour la reconstruction du clocher.

Il était dit dans la convention : « Le grand dôme aura 9 pieds d'hauteur avec 9 rangs de feuilles à chacun et 18 fleurs de lys ou R.R. La clef du grand dôme sera d'une seule pièce, percée pour y passer un homme, et servira de sous-base aux colonnes du petit dôme qui auront 4 pieds 1/2 de hauteur. Le chapiteau aura 1/2 pied de hauteur. L'architrave portant sur lesdites colonnes ou arcades sera d'une seule pièce, et il y sera placé un ferrement pour porter une cloche servant d'horloge. La couronne impériale aura 4 pieds de hauteur jusqu'au croissant de lune qui portera l'image de la Vierge. La statue ou image de la Vierge aura 5 pieds 1/2 de hauteur, entourée d'une gloire ou rayon de soleil de fer. Le fer qui portera et soutiendra ladite image sera de la même façon et forme que celle de l'ancienne image. Et tout ledit ouvrage, à le prendre par la plate-forme jusqu'au-dessus de la couronne qui sera placée sur la tête de ladite Vierge, aura 42 pieds d'hauteur, de pierre de Volvic et la plus belle qui se pourra. Le tout moyennant le prix de 4 500 livres, que les bailes fourniront auxdits deux entrepreneurs avec les vieux matériaux. »

Languille et Potier n'achevèrent leur entreprise qu'en 1657. Le 21 novembre de cette année, la statue de N.-D. fut bénite en grande pompe. A ses pieds, au sommet du dôme, on déposa un petit coffret de fer contenant des reliques et un parchemin où étaient écrits les vers suivants :

Virginis undecies sol signum ingresus Olympo
Exquo picta Euri turbine Virgo ruit,
Quis tuus, Eure, furor! Galileæ Virginis ora
Picta luit, nulli fas agitasse Noto.
Eure, peccasti, decuit (si Virginis icon
Nota tibi) insanos continuisse Notos.

A cette cérémonie d'inauguration assista, avec les autres communautés, la confrérie des tailleurs de Riom, établie dans l'église du Marthuret, et qui venait quelques mois auparavant, aux ides de juillet 1655, d'être l'objet d'une bulle spéciale du pontife Alexandre VII.

Pendant que la frairie du Saint-Sacrement opérait cette importante restauration, une autre confrérie, de femmes celle-là, faisait élever la porte du Pré-Bas qui donne accès au temple du côté de la sacristie. Cette porte, telle qu'on la retrouve aujourd'hui, date de 1669. L'écusson qui la décorait est mutilé. Au-dessus est une niche grossière renfermant une statue de N.-D. de Grâce. L'Enfant Jésus, qui repose sur le bras de la Vierge, tient en sa main la boule du monde.

Les pilastres de la niche portent, ainsi figurée et tronquée, l'inscription suivante :

Lucresse Portier Allis Faure
Amable Dardelin Jeanne Mercier
Les 4 premières belles de la frairie de N. D. de Grâce qui ont elevé......

L'église restaurée fut resacrée par Mgr de Veyny d'Arbouze, le 13 juin 1672.

Le XVIIe siècle est par excellence le siècle des procès religieux. C'est celui des grandes brouilleries entre les Cordeliers et les Minimes, celui des discussions interminables entre les Carmes et les Célestins. C'est encore celui où commence la lutte fameuse des Jansénistes et des Jésuites.

D'un bout à l'autre de la France, les cohortes saintes, arrachées aux parvis des temples, aux contemplations des monastères, accourent en foule autour du pilier de Thémis.

Là, sur des tas poudreux de sacs et de pratique,
Hurle tous les matins une sybille étique.
On l'appelle Chicane, et ce monstre odieux
Jamais pour l'équité n'eut d'oreilles ni d'yeux.

Sans cesse feuilletant les lois et la Coutume,
Pour consumer autrui le monstre se consume,
Et dévorant maisons, palais, châteaux entiers,
Rend pour des monceaux d'or de vains tas de papiers.

(Boileau, *Le Lutrin.*)

En Auvergne, le branle-bas est général. Capucins, Cordeliers, Bénédictins et Bénédictines, Carmes, Visitandines, Jacobins, Minimes, Chartreux, Bernardins discutent les uns contre les autres, souvent entre eux, pour leurs intérêts spirituels et temporels. Le fond des archives départementales regorge des monuments de ces luttes acharnées.

A Riom, c'est l'époque où l'inoubliable curé de Saint-Amable, l'abbé Fouhet, plaide à la fois contre les marguilliers, contre les Cordeliers, contre le prieur de Saint-Jean, contre les Hospitalières, contre le curé de l'Hôtel-Dieu, et contre *tous ses parrochiens*.

Au milieu de ce dévergondage de procédures, le duel entre le Chapitre de Saint Amable et le Chapitre du Marthuret, duel qui s'est prolongé durant cinq siècles, mérite d'être signalé.

Il semblerait que ce soit pour chanter ces deux rudes champions que Boileau se soit écrié :

Muse, redis-moi donc quelle ardeur de vengeance
De ces hommes sacrés rompit l'intelligence
Et troubla si longtemps deux célèbres rivaux.
Tant de fiel entre-t-il dans l'âme des dévôts?

Jamais les difficultés n'avaient tari entre les deux Chapitres. Quelquefois assoupies, les querelles renaissaient de plus belle à la moindre occasion. Le Chapitre de Saint-Amable était devenu séculier à son tour, mais il avait conservé les exigences monacales. La suprématie lui plaisait autant que la sujétion pesait au Chapitre du Marthuret. Ce que l'un appelait une prérogative légitime était pour l'autre une servitude humiliante.

Comment vivre en amis si l'on ne vit pas en égaux? Une déférence mutuelle était le seul terrain de conciliation possible et évangélique.

Vainement des transactions étaient-elles intervenues, comme nous l'avons dit, pour apaiser les différends et réglementer les droits réciproques. Celle du 29 mars 1360 avait été successivement modifiée par l'accord du 19 septembre 1407, puis commentée par les sentences de 1431 et 1444, et enfin remaniée par le concordat du 18 mars 1523. Et malgré ces tentatives amiables, les tiraillements restaient les mêmes qu'aux premiers jours.

Les droits curiaux formaient la pierre

angulaire de la discorde, surtout ceux relatifs aux inhumations.

La question avait été tranchée, cependant, semblait-il, par une clause formelle du traité de 1407 : *Poteruntque dicti de Marthureto et eis licebit sepelire in eorum ecclesia vel cœmeterio extraneos moram et domicilium in eorum morte et vita facientes et etiam decedentes extra parochiam dictam Riomi.* Traduction littérale : « Et pourront ceux du Marthuret et il leur sera loisible d'ensevelir dans leur église ou dans leur cimetière les étrangers élisant chez eux leur demeure et domicile pour leur vie et pour leur mort et même les décédants hors la paroisse de Riom. » Dès lors l'application de la clause paraissait ne pas devoir être compliquée. Erreur !

Fallait-il entendre que le Chapitre du Marthuret aurait le droit d'enterrer les étrangers qui avaient fait élection de sépulture dans leur église et même les paroissiens décédés hors la paroisse, — ou bien les étrangers seulement décédés hors de la paroisse, — ou bien encore les étrangers décédés dans la paroisse, mais ayant fait leur domicile hors d'icelle ?

Et puis, quelle devait être la forme de l'élection de sépulture ? Suffisait-il qu'elle fut orale, ou la fallait-il écrite et même testamentaire ?

Enfin quelle interprétation devait être donnée à la formule : Election de demeure et domicile *pour la vie et pour la mort !*

Que d'obscurités, de confusions, de motifs à ergotage pour des casuistes invétérés ! D'autant qu'aux droits honorifiques s'ajoutait le problème des profits, redevances et oblations.

Quand il y avait un doute sur le texte, chacun invoquait l'acte écrit ; quand le texte était lucide, on opposait la désuétude.

On s'adressait à l'Official de Clermont ou à son vice-gérant, puis on en appelait au Métropolitain de Bourges dont on critiquait aussitôt les décisions comme d'abus.

On introduisait instances sur instances devant le Sénéchal de Riom ou son lieutenant, et régulièrement ses ordonnances étaient frappées d'opposition. Lorsque le Présidial avait prononcé, on se pourvoyait en appel au Parlement. Les arrêts du Parlement présentaient toujours quelque échappatoire, quelque faux-fuyant.

Ne citons pour mémoire,— et en nous excusant d'en omettre plus de la moitié :

Que les ordonnances des 7 septembre

1664, 7 octobre 1680, 27 septembre 1682, 14 janvier 1709 ;

Les sentences des 12 août 1628, 21 avril 1643, 7 et 15 septembre 1672, 7 septembre 1675, 3 octobre 1682, 4 avril et 2 juin 1713 ;

Les arrêts du Parlement des 29 mai 1627, 29 août 1674, 30 août 1675, 3 janvier 1676, 15 juillet 1683, 15 janvier 1709, 9 août 1712, 2 juin 1713.

Les arbitrages, les expertises et contre-expertises, les requêtes, les conclusions, les dits et contredits, les interventions, les mémoires, les interlocutoires, compulsoires, déclinatoires et autres grimoires s'échelonnaient, se confondaient, s'entassaient pêle-mêle, composant un inextricable imbroglio, un réseau de procédure tellement enchevêtré, que les greffiers, huissiers et procureurs le léguaient à leurs descendants comme une mine d'encre inépuisable où devaient s'engouffrer, avec la vertu de charité, les ressources des deux Chapitres et des deux églises.

Et pendant ce temps, les corps des pauvres défunts assez malavisés pour avoir voulu fixer un lieu de repos à leurs dépouilles, (les dames Antoinette Durand et veuve Bordel, les sieurs Trepier et Etienne Bontemps notamment), allaient d'un cimetière à un autre, exhumés les uns des caveaux de Saint-Amable, les autres des *vases* du Marthuret, semblant errer, perplexes, comme les ombres antiques sur les rives du Styx.

Un dernier arrêt du 4 septembre 1713 tenta de faire revivre au profit des chanoines de Saint-Amable les stipulations concordataires et condamna le Chapitre du Marthuret à 150 livres de dommages-intérêts pour avoir cessé, depuis 40 ans, d'exécuter leurs multiples prescriptions. Il fixa même à 3 sols et un denier l'indemnité que les chanoines de Notre-Dame devraient payer au curé de la paroisse par chaque inhumation dans leur église. Mais il était plus facile d'édicter des pénalités que d'en obtenir l'exécution de la part d'une communauté bien décidée à s'y soustraire, coûte que coûte, comme à un joug inacceptable.

Nous verrons tout à l'heure qu'il devait y avoir encore de beaux jours pour tous les gratte-papiers de la Sénéchaussée et que les deux Chapitres ne devaient cesser de plaider l'un contre l'autre que quand ils cesseraient d'exister.

Pour se maintenir en haleine, le Chapitre du Marthuret traduisit devant les tribunaux les Pères de l'Oratoire de Riom.

Il les avait d'abord bien accueillis. C'était même dans la chapelle de N.-D. de Lorette que le cardinal de Bérulle avait fait son vœu pour l'établissement de sa congrégation à Riom.

Mais la mansuétude n'était pas la qualité dominante de cette période litigieuse.

Un premier démêlé surgit à propos de l'abandon fait par la ville, en imputation sur la subvention qu'elle payait aux Pères, des droits seigneuriaux, revenus et cens de la frairie du Saint-Esprit. Cette concession déplut au Chapitre qui se prétendait propriétaire du droit de nomination à la vicairie de Saint-Martial dépendant de ladite frairie et dont la chapelle, devenue celle du Rosaire, était dans leur église. Les Oratoriens triomphèrent, mais n'abusèrent pas de leur victoire.

Un second procès fut provoqué par l'acquisition faite par l'Oratoire d'un fonds à Ménétrol, lequel fonds était mouvant de la directe du Chapitre et grevé d'un cens de 3 livres au profit des chanoines.

On fut en instance de 1654 à 1664.

Les succès des Oratoriens avaient donné ombrage aux nombreuses congrégations de la ville. Des prêtres, autrefois attachés aux Chapitres, les quittaient pour entrer à l'Oratoire. De là, des germes d'irritation qui se manifestèrent parfois avec un fâcheux éclat.

Le *Journal de l'Oratoire de Riom* cite un curieux exemple de susceptibilité qui donne une idée assez exacte des sentiments jaloux qui animaient les esprits.

Le P. Abraham Amy, chanoine de

l'église du Marthuret, avait été dans sa jeunesse oratorien de la maison de Lyon. Par son testament, il demanda comme une faveur d'être enterré à Riom dans la chapelle de l'Oratoire. Le vicaire du Marthuret présenta le corps, mais les chanoines refusèrent d'assister aux obsèques, par ce motif que le défunt, dans ses dispositions dernières, s'était qualifié de prêtre de l'Oratoire sans mentionner son titre de chanoine du Marthuret.

Il est bon d'ajouter cependant qu'il avait donné au collége toute sa fortune, en laissant seulement à ses collègues le soin de dire des prières pour le salut de son âme.

L'église du Marthuret faillit être, durant le XVIIIe siècle, victime d'une nouvelle catastrophe. Le 15 juin 1711, le tonnerre tomba sur le dôme et l'on put craindre un moment que la charpente s'enflammât. Par bonheur, l'Image de la Vierge joua pour le sanctuaire le rôle d'un paratonnerre. La foudre enleva seulement la petite main de l'Enfant Jésus et le globe qu'elle soutenait. Le globe fut retrouvé dans les ais du plancher et la main dans la rue. L'abbé Gilbert Mangot déposa ces deux objets entre les mains de messire Antoine Servolle, Chantre de l'église.

Les cérémonies du culte prenaient au Marthuret un caractère de pompe et de solennité rivalisant avec celui de l'église paroissiale, le dépassant même quelquefois en magnificence. Aussi recherchait-on les offices de Notre-Dame.

En 1683, lorsque MM. de Langeac et autres gentilshommes eurent assisté au convoi du cœur de M. de Clairvaux, de la maison de Chovance, et au service qui eut lieu à Saint-Amable, ils en firent célébrer un pareil, le lendemain, au Marthuret, à l'autel du Rosaire.

Le 14 août 1739, au milieu d'un été caniculaire desséchant les récoltes sur leurs tiges, une messe extraordinaire fut chantée au Marthuret pour demander la pluie. A l'issue du saint sacrifice, une immense population accompagna processionnellement dans les rues de la ville l'image de Notre-Dame portée devant la châsse de saint Amable.

Les deux Chapitres s'étaient groupés dans cette circonstance et cependant le feu n'avait jamais cessé de couver sous la cendre. Les années avaient passé sans engendrer la concorde. Le siècle de la philosophie avait lui et les passions capitulaires étaient restées les mêmes, mesquines et vivaces.

Un engagement d'avant-garde avait eu lieu en 1743, devant les juridictions ecclésiastiques et civiles.

Le Chapitre du Marthuret avait refusé de recevoir dans son église l'abbé doyen commendataire de Riom. Il avait tort. Le Chapitre de Saint Amable intervint illico en faveur de son chef. Coups et parades, marches et contre-marches. Il ne fallut rien moins qu'un nouvel arrêt du Parlement, de 1747, pour réduire les belligérants, rendre aux transactions passées une existence platonique et contraindre les chanoines de Notre-Dame à procéder à la réception de l'abbé de Saint-Amable.

N'aurait-il pas été prodigieusement étonnant de voir les bons chanoines se soumettre sans regimber à cette condamnation ? Que l'on se rassure ; il n'en fut rien.

Ne pouvant l'emporter de vive force, ils eurent recours à la ruse, et ils imaginèrent le plus étrange stratagème que des esprits retors, et dès longtemps habitués aux roueries de la chicane, pouvaient seuls concevoir. Ils décidèrent que, pareils au phénix, ils monteraient sur le bûcher pour renaître ensuite de leurs cendres.

Il existait à Artonne un Chapitre, placé sous l'invocation de saint Martin, fondé en 1048, par Guillaume d'Aquitaine, et qui se composait d'un abbé et de douze chanoines. Respectable par son antiquité, ce Chapitre l'était moins par ses bénéfices. Ses revenus étaient modiques, et la *Gallia Christiana* rapporte qu'en 1610, déjà, un sieur Jean Chappes, abbé du Chapitre d'Artonne, avait été heureux de permuter avec Jean Chatain, simple chanoine du Marthuret.

Les chanoines de Notre-Dame sollicitèrent auprès du monarque la suppression du Chapitre d'Artonne pour, de ses débris, améliorer ses prébendes personnelles. Mais, en même temps, — et c'était là l'ingénieux de la combinaison, — ils demandèrent la suppression de leur propre Chapitre et l'érection dans l'église du Marthuret d'un Chapitre nouveau placé sous le vocable de saint Louis, roi de France.

Dès lors, on le comprend à merveille, plus de Chapitre du Marthuret, plus de conventions transactionnelles, plus d'arrêts de Parlement, plus de vasselage vis à-vis de Saint-Amable! Ce serait une création nouvelle, de fondation royale, plus considérable et plus riche qu'auparavant, plus riche même et tout aussi puissante que celle des Augustins sécularisés.

Les chanoines postulants s'assurèrent le concours du vicaire général du diocèse, M. Omerin, qui poursuivait lui-même à Paris la suppression du Chapitre d'Ennezat au profit de celui de N.-D. du Port. Ce rapprochement mutuel les rendit maîtres de l'oreille de l'évêque, Mgr de la Garlaye.

Quant à l'autorité temporelle, ils la circonvinrent à l'aide d'une femme d'un crédit alors trop fameux, qui était maîtresse de l'oreille du ministre Phelypeaux, duc de la Vrillière. Cette femme était Mme de Lespinasse, plus connue en public sous le nom de *Sabatin*.

Mme de Lespinasse était d'une famille plusieurs fois alliée à la famille de Langeac. Un Renaud de Langeac avait épousé en 1501 Claudine de Lespinasse, tandis que son frère, Julien, épousait Antoinette de Lespinasse.

Devenue *à peu près* veuve du sieur Sabatin, à l'aide d'une lettre de cachet, elle avait acquis la terre noble de Langeac, ancien patrimoine des Langeac d'Auvergne et, grâce à son influence omnipotente sur le petit La Vrillière, elle avait obtenu de relever le nom et le titre de cette maison.

Une fois marquise de Langeac, elle devenait forcément la protectrice du Marthuret. Nom comme noblesse oblige. Elle se mit en campagne, intéressa à la cause des chanoines son fils pour lequel le ministre avait des sentiments de père.

Et, le 13 août 1773, fut dressé à Compiègne le brevet éteignant les deux anciens Chapitres de Notre-Dame et de Saint-Martin, et leur substituant le Chapitre unique de *Saint-Louis-du-Marthuret*. Le brevet était signé *Louis* et plus bas *Phelypeaux*.

Grand fut l'émoi à Riom et à Artonne. Les chanoines de Saint Amable se voilèrent la face en voyant des mains sacerdotales honteusement unies à des mains plus que profanes. Ils crièrent à la subversion des autels. Ils saisirent la justice du conseil de M. le comte d'Artois, sollicitèrent à outrance. En quelques mois, il leur en coûta plus de 1,000 écus.

Entre temps, les chanoines d'Artonne se plaignaient amèrement d'être sacrifiés à la cupidité d'un Chapitre voisin. Ils avaient pour champion le duc de Bouillon, représentant des anciens ducs d'Aquitaine.

Ils adressèrent au roi de *respectueuses* remontrances, et ne craignirent pas de terminer leur placet en rappelant les imprécations terribles formulées par le fondateur du Chapitre de St-Martin à l'encontre de tous ceux qui attenteraient à son existence ou à ses possessions : *Si aliqua potens impotens ve persona aut nos quod absit aut aliquis ex meis hæredibus, causa destruendi, hæc communia indicaverit non sit ei comes vita ut incipiat sed in iram Dei omnipotentis cadat cum Datham et Abiron, necnon cum Judà proditore... atque sine fine in æternum.*

La mort du roi, puis celle du ministre, enfin le remplacement de Mgr de la Garlaye par Mgr de Bonal sur le siége épiscopal de Clermont, suspendirent l'exécution du brevet royal. Les choses restèrent en état jusqu'à l'année 1778.

A cette date, les promoteurs du projet d'union s'agitèrent de nouveau pour arriver à leurs fins. La réussite semblait devoir couronner leurs efforts.

L'église de St-Amable « se jeta désolée, comme une nouvelle Esther, aux pieds de son chef et de son époux, pour lui demander la conservation de son peuple » et, dans un mémoire adressé à Mgr de Bonal, elle tenta un suprême assaut pour empêcher le triomphe des méchants.

En dépit des efforts les plus louables et les plus méritoires, le factum revêt, vis-à-vis de Mme Sabatin, des allures assez peu évangéliques. Il ne se gêne même guère davantage à l'égard du vicaire général. MM. de Riolz, abbé doyen, Ordinaire, syndic, et Gerzin-Dupin, chanoine, signataires du mémoire, expriment le vœu que le temps des frimas soit utile à leur requête. « Les neiges, disent-ils, en fermant les routes, fixeront le prélat dans sa capitale et lui permettront, en retirant la conduite de cette affaire de mains plus que suspectes, de la connaître et de la traiter lui-même. »

Les chanoines du Marthuret répondirent avec une égale âpreté. « Le Chapitre de Saint-Amable, exposaient-ils, n'a fait après tout que succéder à des moines. Or, le corps des prêtres séculiers de Riom était bien antérieur à ces moines qui, dans un temps d'ignorance, avec l'aide de Durand, évêque, ancien moine également, usurpèrent les propriétés d'ecclésiastiques d'un ordre bien supérieur au leur, qui ont fini par secouer leur joug odieux. Eux, au contraire, sont une émanation directe de l'autorité royale. Alphonse de Poitiers, Jean de Berry, Charles de Bourbon, leurs protecteurs, n'étaient que de simples apanagistes, n'ayant pu empêcher le patronage du Marthuret d'appartenir à la couronne de France dont les armoiries sont saillantes au portail et aux clefs de voûte de leur église. »

La lutte durait encore, dénuée de courtoisie, en 1789. Elle continuerait vraisemblablement aujourd'hui, si la Révolution n'avait mis fin au combat en supprimant les combattants.

La commotion politique et sociale qui bouleversa le pays à cette date, qui renversa tant d'institutions et dégrada tant de monuments, fut moins fatale à l'Eglise du Marthuret qu'à beaucoup d'autres créations du passé. Certes, la spoliation et le vandalisme étendirent sur elle leurs hideux tentacules, mais elle puisa dans l'arsenal des réformes novatrices son nouvel état civil.

Dès le 4 novembre 1789, ses biens, comme toutes les propriétés ecclésiastiques, furent mis à la disposition de la nation.

L'état qui en fut dressé comprenait :

Pour le Chapitre :

1° Dix maisons ou granges à Riom ;

2° Deux séterées de terre à la Varenne;

3° Trois quartelées de terre à Mariolles ;

4° 22 œuvres de pré à Gerzat, 2 à Pont-Vieux, 1 à Ménétrol ;

5° Percières sur des vignes à la Chomette ;

6° Une rente de 833 livres 18 ;

7° Une directe en blé de 600 livres.

Pour la frairie de N.-Dame :

8° Une rente foncière sur 8 œuvres de vigne à Mozac ;

9° 5 séterées de terre à Ménétrol.

Ces biens furent, l'année suivante, soumissionnés par la municipalité de Riom pour le chiffre de 56,055 livres.

Toutefois, la *Constitution civile du clergé* (12 juillet, 24 août 1790), permit bientôt d'entrevoir une sorte de compensation. Les articles 15 et 16 décrétaient en effet, qu'il n'y aurait désormais qu'une seule paroisse dans les villes de moins de 6,000 âmes, mais que, dans les villes d'une population supérieure, « il pourrait en être conservé ou établi autant que le besoin des peuples et des localités le demanderaient. »

Des pétitions se couvrirent aussitôt de signatures sollicitant pour Riom la création de trois paroisses ayant pour siéges les églises de St-Amable, du Marthuret et celle des Cordeliers qui serait placée sous l'invocation de St-Bénigne. Elles demandaient en outre la conservation de la Sainte-Chapelle, comme oratoire national ou chapelle de secours; puis l'établissement à Mozac ainsi qu'à

Marsat, de succursales dépendantes de St-Amable, et à Ménétrol d'une succursale du Marthuret.

Le corps municipal accueillit cette demande avec faveur et la présenta aux pouvoirs publics sans se dissimuler que la prétention paraîtrait peut-être excessive.

La Constituante ne donna en effet aux vœux des Riomois qu'une satisfaction partielle. L'église du Marthuret fut érigée en paroisse sous le nom de N.-Dame, par décret de l'Assemblée nationale du 1er juin 1791 et par ordonnance de l'évêque du 29 septembre suivant.

Le premier curé constitutionnel fut le citoyen Philippe Deschamps, curé de St-Accassy, Hôtel-Dieu, et premier vicaire de St-Amable, qui avait prêté serment à la nation dès le 26 janvier, en même temps que le curé Tailhand, que Jean-François Romme et que les Pères de l'Oratoire. Il avait été désigné au choix des électeurs par sa modestie, son tact, ses talents et sa piété simple et sans emphase.

Nous relevons sur le registre des délibérations municipales le procès-verbal de son installation qui eut lieu le 9 octobre.

« Etant arrivés en ladite église paroissiale, nous nous sommes placés sur deux rangs auprès du sanctuaire, et, quelques moments après, M. Chassaing, prêtre et officier municipal, et Deschamps, curé élu, sont montés sur la dernière marche de l'autel d'où le premier a fait un discours aux fidèles assemblés, dans lequel il a prouvé l'avantage qu'ils allaient retirer de cette nouvelle institution beaucoup meilleure, plus utile pour eux, plus nécessaire à leur avancement spirituel que le Chapitre qui occupait cette église. C'est par ce motif qu'il les a engagés à la reconnaissance envers l'Assemblée constituante qui, en renversant des établissements inutiles et abusifs, même dans l'ordre spirituel, s'est appliquée à en créer de plus analogues à l'état primitif de la religion chrétienne et plus propres à leur faciliter les voies du salut. Il a fait voir enfin, par son discours plein de sentiments religieux et de civisme, que la société chrétienne ne peut avoir de base plus solide que la constitution française, et il a fini par la lecture du serment que le sieur Deschamps devait prononcer.

» Le sieur Deschamps a de suite pris la parole et, dans un discours très propre à lui gagner les cœurs de son auditoire, sa modestie s'est appliquée à déguiser des talents qu'un ministère en second exercé dans l'unique paroisse de la ville, a depuis longtemps fait connaître, et, après une invocation au Pontife éternel et à sa sainte Mère, il a manifesté ses sentiments sur son patriotisme, son dévouement aux besoins spirituels de la paroisse ; après quoi il a prêté le serment réglementaire.

» Après lui, les sieurs François Bon et Guillaume Cordemoy, prêtres, désignés vicaires de la paroisse, ont aussi prêté serment.

» Alors le sieur Deschamps, curé, qui était en aube, est allé à la sacristie d'où il est revenu en habits sacerdotaux, avec diacre et sous-diacre, et, s'étant mis à genoux au bas des marches de l'autel, il a entonné le *Veni Creator* après lequel la messe a été célébrée solennellement.

» Après l'Offertoire le sieur curé a béni le pain offert par la municipalité et présenté par M. Moranges avec un cierge, et après il est monté en chaire pour y faire le prône à la suite duquel il a publié des mariages, puis l'arrêté du Directoire et le mandement du sieur évêque et notre adresse aux citoyens pour la publication à faire par nous-mêmes, en ce jour, de la Constitution française et pour chanter le *Te Deum* après cette publication. »

Les bâtiments du Pré-Bas attenants à l'église furent provisoirement aménagés pour servir de presbytère.

Le Conseil général de la commune déclara supprimé pour l'avenir toute espèce de casuel, c'est-à-dire tout droit mortuaire, de marguillerie, de cire, etc...., les cérémonies religieuses devant être gratuites sous le nouvel ordre de choses.

Puis il fixa ainsi qu'il suit, les frais annuels du culte pour chacune des deux paroisses :

160 livres cire à 4 fr. 10,	720 »
3 chantres, tout compris,	700 »
Ces chantres seront tenus d'apprendre le plain-chant aux enfants de chœur et de jouer des instruments d'église.	
3 enfants de chœur chargés de servir les messes et de faire les autres services nécessaires	150 »
Gages des sonneurs chargés de balayer l'église,	200 »
Entretien, blanchissage des linges d'église et sacristie,	300 »
Entretien des cloches,	300 »
Id. de l'église, vitres et couverts,	400 »
Dépenses extraordinaires et imprévues,	300 »
	3,070 »

A la charge par les marguilliers de chaque paroisse de rendre compte tous les ans au Conseil général de leur recette et dépense et d'y porter les revenus de leurs fabriques, qui ne sont pas bien connus en ce moment, pour pouvoir fixer les frais du culte de l'année suivante d'une manière plus économique d'après la situation des comptes rendus.

N'était-ce pas une ironie de constituer une paroisse, d'élire et d'installer un curé, de réglementer les détails du service religieux presque à la veille du jour où les cérémonies du culte allaient être supprimées, où les pasteurs ne pourraient plus remplir leur saint ministère?

Le 23 mars 1793, la Convention ordonna de dénoncer et de livrer aux tribunaux tout citoyen qui se permettrait des indécences dans les lieux consacrés à la religion. Le 21 décembre suivant, elle se livra à la même facétie lugubre en interdisant tout acte contraire à la liberté des cultes. Mais en même temps, elle fermait les temples et les couvents, elle abolissait les costumes religieux, elle supprimait les traitements du clergé préalablement dépouillé, tout signe extérieur était rigoureusement proscrit et toute fonction ministérielle interdite aux prêtres. Les curés et leurs vicaires ne pouvaient même plus procéder aux sépultures qui devaient être faites uniquement par les parents des défunts, sous la surveillance du commissaire de police, « sans que l'officier public soit tenu d'assister au convoi. »

Puis vinrent les auto-da-fé des reliquaires, croix, statues des *prétendus saints ou saintes* et autres figurations suspectes de fanatisme.

De par Couthon, défense à Dieu
D'avoir son image en ce lieu.

La statue en fer de la Vierge fut arrachée du sommet du dôme pour être transformée en engin de guerre. Deux des cloches furent descendues et portées au district pour les besoins de la nation. La madone à l'oiseau fut condamnée comme un symbole vulgaire de fanatisme vis-à-vis de la *ci-devant Vierge*. Néanmoins, les iconoclastes sentirent tomber leurs marteaux de démolisseurs devant ce joyau sculptural. On dit d'ailleurs, que les citoyens bouchers veillaient et que leur attitude énergique déconcerta le zèle des démolisseurs.

On arrête que les fleurs de lys et les R de la coupole et de la frise seront martelées ; que l'on martèlera patriotiquement aussi celles qui s'étalent sur la voûte de la chapelle de la Croix et aux consoles du rétable de la chapelle du Rosaire; que l'on remplacera par du verre blanc les vitraux armoriés; que les écussons seront effacés sur les huit faces de la frise, sur la grande porte et sur la voûte de la nef; que le tableau du Rosaire sera enlevé, parce qu'il contient des personnages de moines; que les panneaux placés au-dessus de l'arcade de la chapelle du fond seront brisés, sauf leurs cadres, et que l'on barbouillera le tableau qui est dans le chœur, du côté de l'Evangile, où sont figurés des individus revêtus d'habits ci-devant royaux et des inscriptions subversives.

Ces travaux sont adjugés, moyennant le prix de 205 livres, au sieur Jean Bonore qui se charge également, pour un salaire supplémentaire, de déshonorer de la même façon la tour de l'Horloge.

Plus les mutilations adoptées ravalent l'intelligence, plus elles insultent l'art, la raison, la conscience humaine, plus elles rapprochent l'homme de la brute et mieux elles sont accueillies. Il semble que la *liberté* ne pourra germer et atteindre son complet épanouissement que sur un lit de fumier et de pourriture morale.

La mesure n'était pas comble, parait-il. Un collègue de Couthon résolut de faire mieux encore. Il ordonna la démolition des clochers. Aussitôt tombèrent ceux des Cordeliers, de la Sainte-Chapelle, de l'Oratoire, de la Visitation, puis celui de Saint-Amable. Le Marthuret seul fut épargné.... parce que son *clocher* n'était qu'un *dôme*. Triomphe de la linguistique!

Tirons un voile sur ces scènes de cannibales et arrivons enfin, comme à une halte rafraîchissante, au 6 thermidor

1795. Ce n'est pas encore le ciel sans nuages, mais bien l'accalmie après la tempête.

Un arrêté de tolérance rendit aux citoyens le droit de se réunir dans les anciens édifices religieux non aliénés par la nation, pour l'exercice de leur culte. La latitude était entourée, il est vrai, de dispositions restrictives et méticuleuses, mais la foi n'est pas exigeante. Les temples étaient nus et dégradés, mais ils valaient bien les catacombes des premiers chrétiens. Le curé Deschamps put grouper quelques ouailles à l'ombre du tabernacle.

On lui rendit quelques objets sacrés, quelques rares ornements conservés dans les dépôts. On projeta même de resuivre le faîtage du bâtiment et de remplacer l'horloge du dôme. D'un plan dressé en vendémiaire an III, il appert que le revêtement du cadran devait représenter en relief un faisceau surmonté d'un bonnet de la liberté. Au-dessous devait être l'inscription : *Vivre libre ou mourir*. Je ne sais si cela résulte d'une fantaisie du dessinateur, mais sur le plan de l'architecte Mannevil, tandis que le cadran forme une bande blanche, les deux angles droits sont peints en rouge et les deux angles gauches en bleu.

La pauvre église manquait des choses les plus nécessaires : tout y était à faire. Il n'y avait plus de maître-autel ; les quelques autels disposés dans les chapelles étaient un composé de pièces rapportées et disparates ; la grille du chœur avait été fondue ; les quatre évangélistes, les tableaux étaient disséminés chez des particuliers.

Les offrandes des fidèles pourvurent

au plus pressé, firent disparaître peu à peu la précarité et la quasi clandestinité des cérémonies sacrées, rétablirent la décence qui convient au service divin.

La loi du 18 germinal an X (1803) dissipa les derniers brouillards qu'un gouvernement d'oppression avait amassés entre la société française et la religion du Christ, sa constante sauvegarde, sa suprême espérance. Un décret impérial du 2 floréal an XI, rétablit officiellement le curé Deschamps à la tête de la paroisse du Marthuret.

Comme les anciens presbytères demeuraient affectés au logement des instituteurs, la ville loua, pour en tenir lieu, un immeuble situé rue Chazeron.

Les fabriques commencèrent leur fonctionnement et, le 11 prairial an XI, fut signé le règlement qui établissait entre les deux paroisses de Riom le *modus vivendi* destiné à prévenir le retour des tiraillements du passé. Il fut convenu que les curés se rendraient alternativement, avec leur clergé et les membres de la fabrique, en procession dans l'église où se célèbreraient les fêtes patronales ; qu'à la première procession générale ou assemblée religieuse qui aurait lieu, le curé du Marthuret se rendrait à Saint-Amable; qu'à la seconde, ce serait le curé de Saint-Amable qui se rendrait au Marthuret, et ainsi de suite; qu'enfin les deux pasteurs se concerteraient pour les heures des offices, de manière à faciliter la réunion des deux églises.

Ombres des chanoines de Notre-Dame, vous dûtes tressaillir d'aise en voyant enfin réalisé ce beau rêve d'égalité, mirage toujours décevant qui hanta vos veilles, harcela votre existence et vous fit faire votre purgatoire sur la terre!

Le 20 juin 1808, la paroisse du Marthuret célébra sa première Fête-Dieu. On retrouve, dans les papiers de l'hôtel de ville, la déclaration officielle qui fut faite au maire par les bailes du Saint-Sacrement et par les marguilliers des rues par lesquelles passerait la procession.

Le curé DESCHAMPS, enfin reposé des vicissitudes qui avaient assombri les premières années de son ministère, mourut dans le Seigneur le 12 juin 1823. Son corps fut déposé dans la chapelle de sainte Zite au milieu de laquelle on remarque encore la pierre tombale qui le recouvre.

L'abbé PIERRE CHABRIER, chanoine honoraire du diocèse de Clermont et de celui de Luçon, qui lui succéda dans l'administration de la paroisse du Marthuret, a laissé le souvenir de l'homme de bien par excellence, semant sur sa route la charité et le bon exemple. Les 33 années de son apostolat furent 33 années d'efforts et de sacrifices pour réparer de la révolution les irréparables outrages et pour rendre à son église un lustre digne de Celle qui en était la patronne.

Sur la demande du nouveau pasteur, désireux de se rapprocher du sanctuaire, la ville loua, puis acheta quelques années plus tard, rue des Petites-Boucheries (aujourd'hui rue Croisier), la maison Tallon qui sert actuellement encore de presbytère.

La fabrique fit de son côté l'acquisition de deux parcelles sur la rue du Marthuret pour l'agrandissement du chœur, des chapelles et de la sacristie.

Mais de même que l'abbé Chabrier avait

pris à sa charge toutes les réparations exigées par l'aménagement du presbytère, de même qu'il devait personnellement acquitter une partie du prix d'acquisition de l'immeuble, de même fut-il heureux de consacrer ses dernières ressources à la restauration de diverses parties du temple et à la reconstruction de la chapelle de la Vierge. On peut dire que c'est à lui que revient l'honneur d'avoir approprié l'édifice aux nécessités modernes du culte dans une grande paroisse.

Sa mort inopinée, survenue en 1856, fut un deuil public. Ne pouvant, malgré le vœu de la population, conserver dans le temple saint sa dépouille mortelle, la fabrique fit déposer son cœur dans la chapelle Saint-Pierre ou chapelle curiale.

Pendant les dix années qui suivirent,

M. Benoit-Aimé RIGODON continua l'œuvre de son prédécesseur avec une remarquable intelligence et un zèle infatigable. Ce fut lui qui fit extraire de la sacristie et placer dans le mur du collatéral nord, le cœur de Jean de la Rochefoucauld, comte de Randan, offert à Riom par sa fille la marquise de Senecey, ainsi que la plaque commémorative dont nous avons donné la figuration dans un précédent ouvrage (1).

Puis, lorsque ses rares mérites l'eurent fait appeler à la cathédrale de Clermont, un choix des plus heureux porta M. l'abbé DALLET, titulaire actuel, au poste important de curé de Notre-Dame.

Ce fut sous l'administration de cet éminent pasteur que s'accomplit la dernière étape archéologique qui a fait de

(1) *Chronique de la Ligue dans la Basse-Auvergne.*

l'église du Marthuret l'édifice vers lequel nous avons convié nos lecteurs à faire avec nous une rapide excursion.

Le clocher menaçait ruine et l'ébranlement que lui occasionnait la sonnerie constituait un danger contre lequel il devenait urgent de le prémunir.

La marguillerie, de concert avec la municipalité, fit appel à la Direction des Beaux-Arts dans le ressort de laquelle était placée la sauvegarde des monuments historiques. Celle-ci fit la sourde oreille et opposa en dernière analyse une fin de non-recevoir absolue aux demandes réitérées faites auprès d'elle.

Sur ces entrefaites, en 1862, l'empereur Napoléon III ayant exécuté un voyage en Auvergne, prit sur lui de faire fléchir ce mauvais vouloir et donna l'ordre de prélever en faveur du Marthuret une somme de 10,000 francs sur le crédit affecté aux monuments.

On confia la restauration à M. Mallay père, architecte à Clermont. Hélas, jamais travaux réconfortatifs ne furent plus mal conçus ni plus mal exécutés. Simples placages juxtaposés sans base ni fondations. On s'émut bien fort quand il n'était plus temps. On eut recours à un homme de l'art attaché à la commission des monuments historiques, mais celui-ci refusa de s'occuper de l'édifice avant que fut réglée la question de responsabilité vis-à-vis de l'architecte primitif. Or, une action en responsabilité eut été illusoire. La Direction des Beaux-Arts manifesta un vif mécontentement. L'inspecteur général dressa un rapport, et le 12 octobre 1875, M. Vallon, ministre de l'Instruction publique, des Cultes et des Beaux-Arts, fit notifier un avis de déclassement, laissant à la commune et à la fabrique toute liberté d'action, en rayant l'église du Marthuret de la liste des monuments historiques.

Cet acte de mauvaise humeur ne constituait pas une déchéance. On s'en tira comme on put, tant bien que mal et, pour parer aux commotions produites par la sonnerie, on adapta dans la tour du dôme le système de charpente pour cloches de l'abbé Eguillon.

La sonnerie se composait alors comme aujourd'hui de 4 cloches, dont 3 fondues en 1818 par Décharme et l'autre par Baudoin en 1842. Cette dernière porte le nom de baptême de *Maria.* Les parrains et marraines dont le nom est gravé sur l'airain sont : le comte de Chabrol-Volvic et la baronne Desaix ; le président Gaspard-Antoine Verny et Anne de Chabrol de Benistan ; le conseiller Annet-Amable Touttée, écuyer, et Marguerite de Fretat-Provenchères. L'une des cloches porte les armes de Riom surmontées de la couronne royale.

Cependant les Riomois avaient toujours projeté de compléter la façade de l'église du Marthuret par la construction d'une seconde tour faisant pendant à celle du dôme. Cette annexe permettrait en outre de rétablir l'ancienne horloge instamment réclamée par les habitants du quartier.

En 1881, la municipalité chargea son architecte-voyer, M. Souliac, de dresser les plans et devis nécessaires à la réalisation de ce projet. M. Souliac n'était pas un architecte dans la véritable expression du mot. Il y avait un monde entre lui et maître Languille, l'artiste du XVIIe siècle, qui maniait le ciseau avec autant d'habileté que le compas, ainsi que le témoignent les fines cariatides qu'il a modelées et que le temps a respectées.

Néanmoins, en fouillant les cartons de la mairie, M. Souliac y découvrit deux plans précédemment conçus par M. Vianne, architecte à Gannat : l'un qui flanquait le porche d'une tour quadrangulaire surmontée d'une flèche hardiment élancée, l'autre qui coupait la même tour, de facture à peu près semblable à celle déjà existante, à la hauteur de la balustrade crénelée formant terrasse et d'où s'élancent les huit piliers de la coupole. A ce pavillon s'adossait une tourelle à clocheton partant de la base de l'édifice, à son extrémité méridionale, et sans caractère architectural.

Ce fut ce dernier plan qu'on adopta avec quelques retouches insignifiantes.

L'exécution coûta à la ville et à la fabrique une somme d'entour 14,000 francs, sans donner à l'œil d'autre satisfaction que celle d'une construction quasi symétrique. C'est de la pierre taillée, mais non ciselée. Les feuilles d'acanthe sont empâtées, les nervures massives et sans finesse. Tandis que la tour du nord comprend deux fenêtres à lancettes jumellement étroites et allongées, la nouvelle n'en comprend qu'une seule aux contours frustes et peu déliés. Il n'a pas été possible, dit-on, d'adapter l'horloge au clocher construit à son intention.

Les adjonctions, réparations et raccommodages dont nous venons de parler, opérés du XIIIe au XIXe siècle, ont enlevé à l'église du Marthuret son caractère originel ; quelques-uns même ont dénaturé son style.

Tel quel, le monument est moins intéressant que son histoire. Il manque d'ampleur, d'unité, de ce souffle génial qui fait de certaines basiliques la synthèse grandiose d'une croyance.

A sa naissance, une main barbare semble s'être appesantie sur lui en l'enfonçant à moitié sous terre ; puis, dans la suite des âges, les mains qui l'approchèrent ne furent pas toujours assez riches ou assez délicates pour lui dresser une couronne artistique. Il déchut en gloire peut-être plus qu'il ne progressa.

Il n'est pas jusqu'à son dôme qui ne soit contesté vivement par les connaisseurs. La rotonde soutenue dans les airs par 8 colonnes d'ordre ionique ne s'est pas imposée à l'esprit des archéologues. Ce temple circulaire à coupole est apparu aux uns comme une conception curieuse, aux autres comme une bizarrerie ridicule.

C'est ainsi que Dulaure, le critique acerbe des monuments religieux en général et de tout ce qui touche à Riom en particulier, estime que le dôme est une construction aussi hardie qu'élégante et originale. Bouillet et un grand nombre d'appréciateurs de mérite partagent le même sentiment.

Lavallée au contraire raille amèrement : « Le dôme du Marthuret, dit-il, que les habitants de Riom ont la complaisance d'admirer comme le parangon du temple de Babylone, est une mauvaise petite rotonde plus digne d'occuper une place dans un jardin anglais que sur un édifice public. »

Plus récemment encore, Emile Montégut, à qui Riom et ses monuments ont arraché de pompeux éloges, écrivait que « l'église du Marthuret serait tout à fait charmante si son clocher n'était surmonté d'une affreuse calotte qui lui donne l'air d'un vilain petit temple latin réduit à l'état de pigeonnier. »

La beauté n'a pas de règles absolues et tous les genres d'élégance ne peuvent être coulés dans le même moule. Le goût a des perspectives multiples ; tous les artistes n'ont pas le même rayon visuel. Ce qui plaît à l'un peut déplaire à l'autre et cette impression, souvent instinctive et irraisonnée, laisse néanmoins en discussion le cachet de l'œuvre et les caractères de l'esthétique.

Le porche est un des seuls vestiges du passé qui ne rencontre pas de détracteurs. Et dans ce porche, la *Vierge à l'oiseau* n'a jamais provoqué qu'un unanime concert de louanges et d'admiration. La statue est aujourd'hui connue et classée dans les catalogues des merveilles de l'iconologie religieuse. Sa beauté explique le soin jaloux et soupçonneux avec lequel les habitants de Riom veillent sur sa conservation.

Dans les premières années de l'empire, sous l'administration de M. de Trémiolles, des démarches furent faites par le service des monuments historiques pour obtenir, en faveur du musée de Cluny, le moulage de la Vierge. Lorsqu'on voulut déplacer la statue et la mettre sur un échafaudage préparé pour l'opération, une émeute populaire se produisit et il fallut y renoncer. La corporation des bouchers prit la tête du mouvement. La vie des ouvriers et du directeur des travaux fut sérieusement menacée. Un serrurier, réquisitionné par la population, entoura, pour empêcher tout enlèvement, la statue d'un cercle de fer scellé dans la muraille.

Riom venait de renouveler pour sa Vierge la résistance invincible quoique inexplicable, qu'il avait opposée à la vérification, par Massillon, des reliques de saint Amable. On se rappelle en effet qu'un soulèvement analogue s'était manifesté à l'encontre du célèbre et vertueux prélat que l'on soupçonnait de vouloir emporter à Clermont les reliques du saint patron ; il n'échappa à la lapidation qu'en se réfugiant en hâte dans son carosse dont les vitres furent brisées, et il ne dut la vie qu'à la rapidité de ses chevaux.

En 1837, après la nomination de M. Tallon comme maire, les démarches furent renouvelées plus instantes que jamais. On offrait de descendre la Vierge dans l'église même, de la mouler sur place avec toutes les précautions voulues, d'en tirer trois exemplaires seulement, un pour le musée de Cluny, un pour le musée de Clermont, un pour celui de Riom, et de briser ensuite le moule.

Le maire refusa catégoriquement. « Il y a quelques années, répondit-il, cette opération, tentée par un artiste de Clermont, fut l'occasion de troubles très graves et de scènes fâcheuses qui certainement se renouvelleraient si on permettait de descendre la statue. On ne saurait triompher à cet égard de la susceptibilité et de la vénération populaires. »

La municipalité resta sourde à toutes les propositions ultérieures, — et pendant plus de 30 ans, la Vierge conserva sa ceinture de sûreté qui la déparait considérablement, mais qui présentait au public un gage de sécurité.

Enfin elle a été délivrée de ses fers et a pu de nouveau affronter, dans toute la plénitude de sa grâce, les regards des connaisseurs.

Les étrangers amis des arts, que la beauté des sites de notre Auvergne ou la réputation de ses eaux attirent chaque année de tous les points du globe, ne manquent jamais de venir déposer aux pieds de la madone le tribut de leurs louanges.

Tout récemment, l'ambassadeur d'une nation amie, M. de Morenheim, en villégiature à Royat, fut surpris de trouver à la Vierge du Marthuret un air de ressemblance avec une autre statue de la Vierge considérée en Russie comme une œuvre sculpturale d'un haut intérêt:

Et aussitôt les archéologues et les chercheurs de se demander si l'on était bien en présence d'une création originale et si le bijou riomois ne serait pas une simple copie, admirablement réussie, d'un chef-d'œuvre peu connu.

L'enquête artistique resta favorable à la Vierge d'Auvergne ; elle n'a pas révélé jusqu'ici de similaire.

Une seule statue présente avec la nôtre une analogie frappante. C'est celle de *Notre-Dame-la-Blanche* que l'on voit au bas de l'église de St-Germain-des-Prés, dans une niche gothique, et qui passe également pour miraculeuse. L'abbé Migne, dans son dictionnaire théologique *Iconographie des Saints,* la signale dans les termes suivants : « En l'église de St-Germain-des-Prés, à Paris, statue en marbre blanc, du 14e siècle, représentant la Vierge debout, portant à gauche l'enfant Jésus, debout aussi, qui tient un oiseau dans la main gauche. »

Néanmoins que nos compatriotes se rassurent. Il y a bien là identité de conception, mais il n'y a pas même possibilité de comparaison au point de vue de l'esthétique. La Vierge parisienne est une œuvre lourde, monotone, dénuée de physionomie et sans expression, tandis que le ciseau du sculpteur qui exécuta la Vierge du Marthuret saisit au vol un rayon de l'idéal, une irradiation céleste pour les fixer sur son visage. Aux yeux d'un artiste, les deux modèles n'entreront jamais en parallèle.

A l'intérieur, les décorations toutes récentes, dues au pinceau de M. Lamy, ont donné sans doute au sanctuaire un certain air de parure et de coquetterie. Cependant l'attrait qu'y rencontre le visiteur réside tout entier dans quelques détails étrangers à ces peintures murales.

L'archéologue s'arrête avec satisfaction devant deux vitraux anciens d'un travail et d'un coloris remarquables.

L'un, contemporain des splendides verrières de la Sainte-Chapelle, se trouve dans le collatéral nord, en face des stalles. Il date du 15e siècle et occupe une fenêtre à deux baies. C'est une *Annonciation* dont Mgr Barbier de Montault a tracé la description suivante :

« La partie supérieure est garnie d'un dais d'architecture, pour honorer les saints qu'il abrite, et, sur le fond, est déposée une riche tenture qui a la même signification. L'ange Gabriel est à droite, la gauche du spectateur, le genou droit en terre, car il s'humilie devant la Vierge ; il lui parle respectueusement, son philactère enroulé ne contient que ces trois mots : *Ave plena Dnus,* c'est-à-dire : *Ave* (gratia) *plena*

Dominus (tecum). Le sceptre qu'il a dans la main droite indique qu'il a reçu sa mission de Dieu. Ses cheveux épais et flottants sont dorés, ce qui, en iconographie, exprime l'état glorieux. Comme ministre du Très-Haut, il est revêtu de l'aube et de la chape ; la chape est rehaussée d'un orfrai d'or et d'une agrafe ronde qui la fixe sur la poitrine. La Vierge est à genoux dans l'attitude de la prière et du recueillement. Ses yeux sont modestement baissés et ses mains croisées ; sa robe jaune est recouverte d'un manteau bleu doublé de blanc ; ses cheveux dorés tombent sur ses épaules. Derrière elle, dans un vase, s'épanouit un lys fleuri. Au-dessus de sa tête plane une colombe divine dans une auréole de lumière. »

Le second vitrail que nous avons signalé est placé dans la première chapelle de droite, dite de sainte Zite. Il porte la date de 1538 et représente, sous des couleurs admirablement fondues, la Mère de Dieu entourée des martyrs saint Jean-Baptiste et saint Jacques.

« La Vierge, dit M. Montégut, a l'air de n'être que bonté et répond exactement à cette espérance d'une inépuisable compassion qui porte le fidèle à la prière. Saint Jean est remarquable par un mélange de candeur et d'enthousiasme qui convient bien à son caractère. Mais certes celui qui peignit le saint Jacques avait compris à fond le sens de l'épître qui porte le nom de cet apôtre... Des traits maigres et irréguliers, un visage allongé, le nez mince à sa racine et charnu à son extrémité, un front faible, quelquefois élevé, mais sans domination, des cheveux plats légèrement repoussés vers l'oreille, un air doux et béat, un regard d'où jaillit une bienveillance quelque peu ironique, un ensemble de physionomie où se révèlent une obstination souriante et un pacifique entêtement ; tels sont les caractères de ce vitrail. »

Au-dessous de ces trois personnages sont dessinés trois gracieux médaillons contenant les bustes de saint Antoine, de sainte Madeleine et de sainte Françoise.

Parmi les verrières modernes, la seule qui mérite une mention est un *Arbre de Jessé.*

Sans être très riche en tableaux, l'église de Notre-Dame en possède cependant quelques-uns qui ne manquent pas d'intérêt.

Notons, dans le collatéral nord, une

Sainte Famille et deux *Adorations des Mages* non signées. Celle qui se trouve en face de la chaire joint à la beauté du coloris toute la suavité des formes de l'école italienne.

Les toiles les plus curieuses sont disséminées dans les chapelles du midi. Dans celle de l'Assomption, autrefois du Rosaire, une *Assomption* et une *Vierge du Rosaire; Jésus dépouillé de ses vêtements*, œuvre magistrale sans nom d'auteur, et une *Descente de Croix* peinte par L. Valbrun en 1839.

La pièce capitale, celle vers laquelle se dirigent chaque jour les amateurs de bonne peinture, est le grand tableau de Ch. Müller, l'*Entrée triomphale de J.-C. dans Jérusalem.* Cette toile, qui occupe tout un panneau de la chapelle St-Pierre, fut accordée à l'église N.-Dame sur la demande de M. Pagès, député de l'arrondissement de Riom. Elle avait figuré à l'Exposition de 1845.

Le Christ, escorté de la foule qui se presse sans confusion autour de lui, s'avance sur un âne paisible, vers la porte de la ville qui s'ouvre à son approche. Les habitants se groupent sur les points élevés et se détachent dans un superbe paysage qui forme le fond de la scène, tandis qu'aux premiers plans, des personnages artistement posés et chaudement éclairés représentent les débris du passé qui s'en va (1).

Il règne dans toute cette masse d'hommes et de jeunes femmes accueillant d'un gracieux sourire le sauveur du monde, un air véritable de grandeur, de fête et de joie que vient encore re-

(1) Voir Louis Nadeau : *Voyage en Auvergne* et Audiffred : *Quinze jours au Mont-Dore*.

hausser un luxe de couleurs dont Paul Véronèse ne désavouerait pas l'éclat scintillant. Somme toute, cette œuvre de la jeunesse de Müller regorge de grâce et de fraîcheur. La multitude qui s'agite, la campagne qui verdoie et qui poudroie, les teintes qui s'harmonisent avec habileté laissent dans l'âme une impression agréable.

Quand nous aurons cité un *Saint Vincent-de-Paul* et quelques tableaux sur bois, parmi lesquels un *Jésus au prétoire de Pilate,* nous aurons achevé l'énumération des richesses artistiques de la vieille Collégiale du Marthuret.

Riom. — Imprimerie Edouard GIRERD.

www.ingramcontent.com/pod-product-compliance
Ingram Content Group UK Ltd.
Pitfield, Milton Keynes, MK11 3LW, UK
UKHW021231230726
13926UKWH00003B/1381

9 782016 145487